Santiago Calatrava Conversaciones con estudiantes

CONFERENCIAS EN EL MIT

Editorial Gustavo Gili, SL

Rosselló 87-89, 08029 Barcelona, España. Tel. 93 322 81 61
Valle de Bravo 21, 53050 Naucalpan, México. Tel. 55 60 60 11

Santiago Calatrava: conversaciones con estudiantes

CONFERENCIAS EN EL MIT

Cecilia Lewis Kausel y
Ann Pendleton-Jullian, editoras

Departamento de Ingeniería Civil y Medioambiental
Departamento de Arquitectura
MASSACHUSETTS INSTITUTE OF TECHNOLOGY

GG®

Título original: *Santiago Calatrava. Conversations with Students. The MIT Lectures*,
publicado por Pricenton Architectural Press, Nueva York, 2002.

Editor: Nancy Eklund Later
Diseño: Deb Wood
Versión castellana: Emilia Pérez Mata
Revisión a cargo de Moisés Puente
Agradecimientos: Nettie Aljian, Ann Alter, Nicola Bednarek, Janet Behning,
Megan Carey, Penny Chu, Jan Cigliano, Russell Fernández, Jan Haux,
Clare Jacobson, Mark Lamster, Linda Lee, Jane Sheinman, Katharine Smalley,
Scott Tennent y Jennifer Thompson de Pricenton Architectural Press
(Kevin C. Lippert, editor).

1ª edición, 2ª tirada, 2008

Printed in Spain
ISBN: 978-84-252-1510-0
Depósito legal: B. 427-2008
Impresión: Gráficas 92, SA, Rubí (Barcelona)

EN NOVIEMBRE DE 1995 paseaba tranquilamente por Valencia, España, cuando vi un puente extraño, aunque sencillo y muy bello. Pregunté a qué arquitecto se debía y la respuesta inmediata fue: "Santiago Calatrava, por supuesto". Debo admitir que en ese momento no sabía quién era Santiago Calatrava; pero aprendo rápido e inmediatamente procedí a remediar mi ignorancia. A petición mía, un colega, el profesor Herbert Einstein, se puso en contacto con Santiago Calatrava y comenzó a hablar de cómo podría Calatrava colaborar con el MIT. Resulta que Santiago Calatrava había sido ya invitado por el Departamento de Arquitectura. Esa visita nos ofreció la oportunidad de conocernos y organizar una serie de conferencias. Este libro, y la página web que lo complementa (http://web.mit.edu/civenv/Calatrava/), documentan el extraordinario intercambio que se produjo durante tres días entre Calatrava y un amplio público de estudiantes y profesionales en 1997.

Escuchar las palabras de Santiago Calatrava me hizo recordar por qué quise ser ingeniero civil. Me hizo recordar mi propio deseo de crear, de proyectar soluciones funcionales y bellas, de dejar tras de mí una obra que será recordada. Sospecho que todos los ingenieros civiles –y todos los niños– tienen el mismo sueño; desgraciadamente, nuestro sistema educativo conspira en contra. Se ha perdido la idea del arquitecto-ingeniero. La creatividad se encuentra enterrada bajo las ecuaciones o encerrada entre los muros de las especialidades.

Calatrava representa lo que un arquitecto-ingeniero debería ser. Sus puentes y edificios públicos reflejan una profunda comprensión de la ingeniería. Como en un arco clásico, sus estructuras parecen fluir con las fuerzas y, viceversa, los vectores de fuerza parecen fundirse con las estructuras. No hay elementos superfluos. El movimiento, real y aparente, de sus creaciones es suave y natural, como el movimiento en la naturaleza. De hecho, Calatrava encuentra frecuentemente su inspiración en el cuerpo humano, el más hermoso y funcional de todos los objetos naturales. Sus edificios integran elementos individuales mediante sencillas interacciones para crear máquinas de gran complejidad, al igual que lo hace el cuerpo. No todo el mundo puede ser Santiago Calatrava. No todo el mundo está bendecido por el mismo talento y sensibilidad artística. De todos modos, cada ingeniero civil puede esforzarse por ser más creativo, y cada arquitecto por ser más imaginativo y consciente de la interacción entre estructura y mecánica. Si así lo hiciéramos, nuestras profesiones serían mucho más fascinantes.

Rafael L. Bras
Profesor de la Baccardi Foundation y la Stockholm Water Foundation
Ex director del Departamento de Ingeniería Civil y Medioambiental del Massachusetts Institute of Technology

EL DIVORCIO ENTRE ARQUITECTURA e ingeniería viene de lejos y en la actualidad, al menos en Estados Unidos, es prácticamente ubicuo. Este divorcio perjudica a ambas partes. El interés de los arquitectos por construir bien ha disminuido y la ingeniería ha pasado a ser formulista y ha olvidado sus dimensiones sociales, medioambientales y estéticas.

Como escuela, el MIT no puede existir como algo independiente de las condiciones de nuestro tiempo y lugar, pero sí puede alentar el interés por restaurar una alianza profunda entre arquitectura e ingeniería. Afortunadamente, hay individuos creativos que sí mantienen tales anhelos creando obras ejemplares. En arquitectura, uno piensa en Renzo Piano y su "taller de construcción", en el que construir bien se manifiesta incluso en los desafíos especiales que supone construir de un modo innovador. Pero a pesar de toda la calidad de Renzo Piano y su taller, él, al igual que muchos otros buenos arquitectos, trabaja en colaboración con empresas de ingeniería de creatividad bastante escasa. También pensamos en Ove Arup de Londres, Buro Happold de Bath, y RFR de París; todos ellos colaboran con arquitectos para conseguir obras que van más allá del alcance de cada uno de los socios por separado.

Especialmente, en el caso de puentes, infraestructuras y edificios de grandes luces, encontramos ingenieros que controlan todo el proyecto y que consiguen excelentes resultados tanto técnica como estéticamente. Mediante nuestra colaboración en el ciclo de conferencias Félix Candela,* hemos invitado al MIT a profesionales con este perfil, como Heinz Isler, Minoru

Kawaguchi, Christian Menn y Joerg Schlaich. Cada uno de estos ingenieros estaría absolutamente convencido de los firmes principios científicos de sus proyectos. Sin embargo, observamos también en sus obras un sello personal.

Santiago Calatrava, arquitecto e ingeniero, persigue sin desaliento la unión de arte y ciencia. Su exploración de las formas naturales (en particular del cuerpo humano), su disposición a trabajar metafóricamente y su brillantez en la representación facilitan su exploración creativa de la forma, el espacio, la luz e, incluso, la cinética. Su dominio de los principios de la ingeniería no sólo hace posible la realización de sus proyectos, sino que, además, evoluciona y progresa mediante el diálogo entre la invención formal y los principios científicos.

La genialidad de este proceso se ve encarnada en el carácter enérgico de Santiago Calatrava y potenciada sustancialmente por los dibujos que ilustran sus conferencias. Esperamos que algo de esa dinámica sobreviva en la forma estática de este libro y que contribuya a promover un fructífero lazo entre la arquitectura y la ingeniería.

Stanford Anderson
Profesor de Historia de la Arquitectura
Jefe del Departamento de Arquitectura
del Massachusetts Institute of Technology

*En 1996, la Asociación de Ingenieros Estructurales de Nueva York, el Museum of Modern Art, los departamentos de arquitectura de la Pricenton University y el Massachusetts Institute of Technology promovieron la celebración del ciclo anual de conferencias Félix Candela. Más allá de rendir un homenaje a los logros creativos de Candela, en la frontera entre la arquitectura y la ingeniería, las conferencias son también un reconocimiento a la calidad de los profesionales actuales y buscan favorecer, a través de la educación, un avance en estas materias.

INTRODUCCIÓN

Señoras y señores, agradezco mucho la oportunidad que me ofrecen de poder hablar en esta escuela. Inicié mi práctica profesional como arquitecto e ingeniero tras haber sido estudiante durante mucho tiempo, unos catorce años, primero en Valencia y más tarde en Zúrich. Hace ya dieciséis años que trabajo muy intensamente en este campo, y el único contacto que he tenido con instituciones como el MIT ha sido esporádicamente al dar alguna conferencia. Ésta es la primera ocasión en la que me he comprometido a dar una serie de conferencias con la intención concreta de contar mi experiencia. Creo que tiene sentido ahora, pues estos dieciséis años constituyen un período importante de mi vida y definen una generación, una etapa en la vida de una persona. Lo que voy a decir lo digo pensando en la próxima generación, en la gente que mirará mi obra e inventará otros estilos, que encontrará su propio camino, del mismo modo que yo, al encontrar el mío, he integrado la obra de mis predecesores.

He creído que lo mejor sería hablar acerca de mi experiencia propia pues, de hecho, es lo único que conozco. Pretendo revisar las obras que he hecho e introducirles en las ideas esenciales y determinantes en mi trabajo durante estos años, y en los pasos que me han permitido avanzar de un edificio a otro, intentando que, en cada ocasión, mis ideas fueran un poco más lejos.

MATERIALES Y PROCESOS CONSTRUCTIVOS

He decidido hablar en primer lugar acerca de la cuestión de los materiales porque creo que son fundamentales en la arquitectura. Después de todo, en las ruinas arquitectónicas uno sólo encuentra piedras. Así que la parte material de la arquitectura, es decir, su soporte material, tiene una importancia fundamental en mi opinión.

Creo que el primer paso para comprender la arquitectura es entender qué son el hormigón, el acero, la madera; cómo utilizarlos, qué significan. ¿Qué formas pueden adoptar? ¿Cuáles son las diferencias entre esas formas? Esto es lo que deseo intentar mostrarles, comenzando con mis primeros proyectos para continuar con mis obras más recientes.

En esta pequeña figura construida con partes de juguetes, la fuerza de la piedra suspendida se trasmite a través de todas las piezas y se materializa en piedra, madera, cuerda y partes de acero. Parece muy sencilla, pero encierra una gran complejidad: las diferentes piezas del juguete están en tensión; el eje que separa las partes, que trabaja a compresión, está en tensión; incluso los colores están colocados de una manera sencilla pero deliberada. No hay duda de que el simple acto de colgar una piedra en el aire puede ser una cuestión de expresión.

La obra que llevé a cabo en la escuela cantonal de Wohlen (Aargau, Suiza, 1984-1988) requería una serie de intervenciones en algunos edificios preexistentes. Yo añadí una entrada, un vestíbulo central, una cubierta para la biblioteca y otra cubierta para el salón de actos principal. En este proyecto cambié los materiales en varias ocasiones. Una parte fue construida en hormigón y acero; otra parte, en acero y vidrio; otra, en madera y hormigón. Además de la experimentación con los materiales –utilizando materiales concretos para soluciones concretas–, introduje otro tema. Creí que sería interesante trabajar con la luz, controlándola de un modo diferente en cada uno de los espacios.

La idea de la entrada se generó a partir de la planta existente y de su geometría, un trapecio que corté mediante una diagonal para crear una marquesina formada por dos conos unidos mediante un arco. Uno de los conos trabaja en una dirección y el otro, en la otra, con un tubo en la sección transversal que proporciona resistencia a torsión y, al mismo tiempo, sostiene el canalón. Y, aunque el tubo posee rigidez a torsión, lo utilicé con el propósito de crear una conexión entre la fachada y la marquesina, de manera que ambos elementos trabajasen solidariamente en un mismo gesto. Un conjunto tiene que convertirse en una sola cosa.

Y, desde luego, independientemente del hecho constructivo, queda claro, y en especial en el alzado, que subyace la idea de una hoja, de una palmera. Una idea claramente figurativa formó parte del proyecto. Este acercamiento es mi primer acercamiento libre a la arquitectura que busca inspiración en las formas naturales. La simple observación de las cosas me motiva tanto como lo hacen los aspectos materiales de la arquitectura.

La segunda intervención en la escuela Wohlen consistió en un espacio de acceso, donde proyecté una cúpula de madera. La forma era muy directa: un círculo subdividido en segmentos radiales. Estos segmentos se construyeron utilizando piezas en V seccionadas y abiertas hacia el interior. Eliminé la arista y la sustituí por un elemento lineal que expresa los esfuerzos de compresión en dicho elemento. Separé los diferentes componentes del apoyo de la cúpula para dejar vistos todos los tipos diferentes de apoyos y para crear un anillo perimetral libre. Este anillo de tensión está flotando. La idea de desafiar la gravedad se expresa mostrando este anillo –visible, aunque no estructuralmente significativo– y, entonces, retirar los apoyos de las esquinas de los segmentos en V, que son los que realmente soportan la cúpula.

La luz penetra desde detrás de la cúpula, en su base y a través de los fragmentos seccionados de los segmentos triangulares. Las superficies que se encuentran detrás de la cúpula desaparecen en esta luz, de manera que se tiene la impresión de que todo flota en el interior del espacio. Al ver todas estas formas juntas, resulta evidente que podemos asociarlas con pétalos.

En la biblioteca, el control de la luz y su relación con el espacio es todavía más importante. Creí necesario liberar las paredes y crear una luz tangencial, como hubiera hecho Louis I. Kahn. Decidí colocar la cubierta en el centro del espacio de manera que pareciera que flotaba. Su apoyo principal es un pilar hacia el que se inclina la cubierta y que recoge en su interior el agua de la lluvia. La cubierta es una cáscara compuesta de varias cáscaras. Las esquinas permanecen fijas de manera que la cubierta no se desplace lateralmente y todo el peso descanse sobre el pilar central. Así, la luz cae tangencialmente a lo largo de las paredes.

En la génesis de este proyecto comencé a pensar en un libro, un libro abierto. De nuevo, como en muchos otros casos, me vino a la cabeza la idea de la cubierta que flota, un tema en el que se halla inherente la idea de levedad, y la levedad se consigue frecuentemente mediante la contraposición de materiales o de sistemas estáticos. Si la cubierta es pesada y el soporte es ligero, la contraposición de dos materiales combinados con una luz que penetre lateralmente provocará que el conjunto de la cubierta parezca flotar. La base para la forma de la estructura no fue la habitual hipérbola o parábola; fue un libro, un libro abierto. Al mismo tiempo, la cáscara también quería convertirse en un pájaro. Se trata de una especie de superposición de conceptos. También puede verse como una hoja que se apoya en el eje de sujeción.

Lo que yo quería conseguir con el proyecto del gran salón de actos, o auditorio, era algo bastante sencillo. Me proponía hacer que la cubierta emergiera creando un arco parabólico en su interior que soportara una cáscara elevada independiente de los muros. A cada lado de la cáscara hay un canalón y una ventana longitudinal que proporciona luz al interior, subrayando muy sutilmente la parte inferior de la estructura y dotando de transparencia a los elementos repetidos y oblicuos que transfieren el peso de la cubierta al arco. Estos elementos oblicuos son piezas estándar de madera de aproximadamente 7 × 7 cm de sección. El arco parabólico y un arco superior que soporta la cáscara son de madera laminada. El espacio es muy íntimo, en parte debido a la decisión de utilizar madera. El contraste entre la luz y el trazado del interior contribuye también a esta intimidad.

Del mismo modo que en la marquesina de entrada, también aquí está presente la idea de una palmera. Además –y esto puede resultar muy figurativo–, intentaba expresar la idea de la transmisión de fuerzas del arco parabólico al pilar. Mucha gente piensa que el remate del pilar recuerda a un capitel jónico, pero esto no viene al caso; se parece más a la cabeza de un martillo.

Los pilares son prefabricados de hormigón. Me gusta mucho el hormigón en bruto, *in situ*, pero la prefabricación puede ser muy interesante debido a la complejidad y libertad de formas que se pueden conseguir. En catalán, mi lengua materna, decimos *formigó*. *Formigó* viene de forma. En castellano, se llama *hormigón*, con una h substituyendo a la f. *Formigó* significa "material con el que se puede dar forma". Esta es una buena definición para hormigón. Con el hormigón prefabricado hay mucha libertad a la hora de elegir la forma, la textura y muchas otras características del material.

El hormigonado de los pilares del salón de actos se hizo de la manera más económica posible. Cortamos el pilar en dos y hormigonamos en horizontal cada una de las mitades y después las unimos. Este procedimiento tiene una ventaja adicional, ya que todas las superficies al descubierto son, al final, superficies acabadas; no se ven las partes desde donde se ha hormigonado.

El almacén Ernsting (Coesfeld, Alemania, 1983-1985) es también una de mis primeras obras. Se trataba de revestir un almacén existente y darle un nuevo significado. La primera decisión que tuve que tomar se refería a los materiales que debían ser muy económicos. Así que decidí utilizar hormigón y aluminio crudo, es decir, aluminio estándar de fácil disponibilidad. Se puede conseguir ondulado o plano –y de muchas otras formas– y es fácil de trabajar.

Estudiamos la manera de transformar este edificio, no sólo desde el punto de vista de los materiales, sino también del tema. La limitación de materiales supuso una restricción significativa; la idea de trabajar con un tema –en este caso, lo "pintoresco"– nos permitió cierta libertad. Al decir "pintoresco" me refiero a una pintura; cada una de las fachadas debía parecer un cuadro diferente construido con dos materiales. El material crea unidad, y su tratamiento hace que cada fachada sea diferente a las demás.

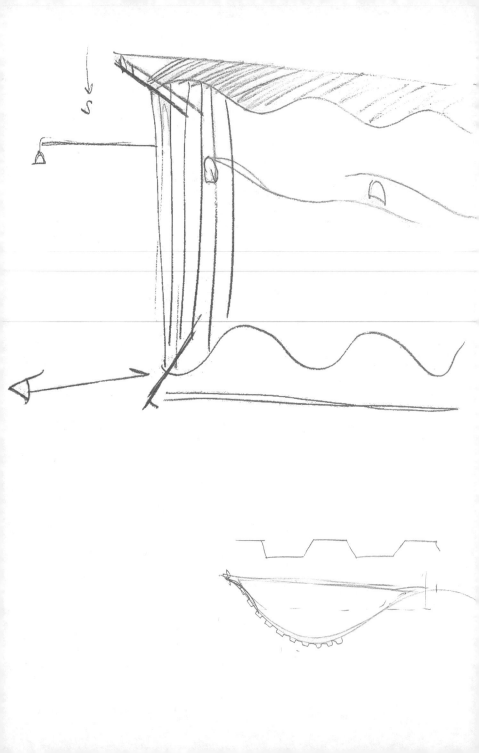

En la fachada sur utilicé aluminio ondulado con forma sinusoidal, lo que proporciona una doble rigidez a la fachada, pues los segmentos convexos de la curva se sujetan desde el interior conectándolos transversalmente. Esta curva proporciona un nivel de rigidez y la propia ondulación del material proporciona una segunda rigidez, permitiéndonos construir una fachada bastante alta.

Para enfatizar el movimiento de la curva, viselamos la fachada en la parte superior de manera que, al verla de frente, en alzado, se acentúa aún más el perfil de la sinusoide. Al mirar hacia la parte superior de la fachada, la curva se hace clara y legible. El cliente dijo que, por motivos de seguridad, necesitaba mucha luz en el exterior, con lo que colocamos farolas en la fachada. La luz hace que la plasticidad sea aún más legible. Montamos las farolas separadas de la fachada de manera que sus sombras resiguiesen la curvatura, creando dibujos en la fachada, en una relación bastante plástica.

Esta es la fachada sur, lo que significa que el movimiento del sol durante el día produce cambios muy significativos en la propia fachada. En la curva se ven las sombras producidas por la luz y también las producidas por el reflejo del sol. Las vibraciones verticales se producen por el reflejo del sol en las ondulaciones del aluminio. La fachada es extremadamente sensible y cambia según la hora del día, con la luz horizontal y vertical. El viselado en la base hace que la fachada parezca flotar y moverse sobre la estructura de hormigón.

En la fachada norte teníamos un problema diferente, pues sólo tenía luz cenital, una luz muy difusa, ambiental. Así que, ¿cómo enfatizar la plasticidad de la fachada con luz cenital? Propuse utilizar un perfil en S colocado horizontalmente sobre la fachada con piezas muy largas, tan largas como fuera posible, esto es, diez metros de longitud. En este perfil, la sección central, en la diagonal, generaría bastantes reflejos. En el extremo superior donde se superponen los dos perfiles, obtienes una sombra. Luego, en la parte inferior del perfil, consigues un menor reflejo hasta que de nuevo se sumerge en la sombra. Esto crea una estructura lineal pero que es sensible a la luz cenital.

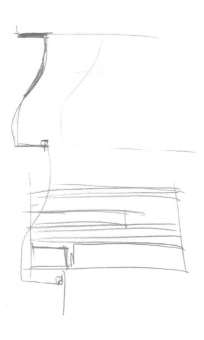

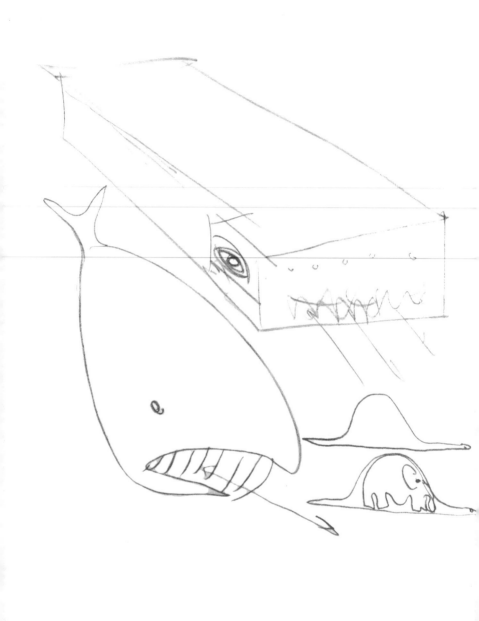

En la fachada este utilizamos planchas onduladas de diecisiete metros de altura. En este caso, el problema era colocarlas de una pieza y sostenerlas mediante pequeños elementos por la parte superior e inferior. La parte este es muy plana y está expuesta a la luz horizontal del sol de mañana. En esta fachada había una cinta mecánica que debía cubrirse. Para distinguirla del resto de la fachada utilizamos escamas –como las de un pez– pero muy grandes, fabricadas en aluminio, que se pliegan en las esquinas y en la parte superior.

Nuevamente cada una de las fachadas se concibe como una pintura independiente. He hablado antes de lo "pintoresco" en el sentido de una pintura. Pero ¿cómo pueden conectarse estas pinturas diferentes, estas fachadas? Desde el principio, el edificio era como un cuerpo extraño. Tuvimos que encontrar la manera de dar vida a ese cuerpo. La fachada oeste tiene prácticamente las mismas condiciones de luz que la fachada este, el sol del atardecer frente al sol del amanecer. Se revistió utilizando también las mismas grandes planchas de aluminio. En ella hay tres grandes puertas integradas para la entrada y salida diaria de camiones, de muchos camiones esperando a la puerta. Las puertas se abren y los camiones entran y salen. Si se observan estas puertas, las escamas del edificio y otros detalles, el edificio nos recuerda en cierta manera a una ballena. Y con la entrada y salida de camiones es como en la historia de Jonás, o como el elefante y la serpiente de *El principito* de Antoine de Saint-Exupéry. Está implícito el tema de "engullir". Como veis, este tipo de juego es también muy importante.

La escultura que les he enseñado al inicio de la conferencia estaba construida con juguetes. Para mí fue todo un ejercicio coger los juguetes de mis hijos y los objetos de mi casa –lápices, el cordón de las cortinas, cualquier cosa que tenía a mano– y realizar la escultura. Lo elemental del ejercicio, o de la idea, no disminuye en nada la complejidad de la solución. Al principio algo puede ser extremadamente espontáneo y simple. Quiero andar. ¿Dónde voy? Ésa es la cuestión. Como saben, andar es algo muy natural y sencillo, pero incluso el viaje más largo comienza con un pequeño paso. Creo que estas ideas sobre de la ballena son un esfuerzo por pasar de lo "pintoresco" a lo textual y por otorgar vida al conjunto.

En las puertas del almacén, el módulo es una continuación del módulo de la fachada. Las piezas de la fachada son todas muy repetitivas; sólo cambia su longitud. Hay una idea muy hermosa en ello, la idea de que la fachada puede transformarse. La idea de transformación, de metamorfosis, es un origen en la evolución en la arquitectura. ¡Un origen increíble! No es sólo que podamos hacer uso de elementos mecánicos y físicos para crear nuevas arquitecturas basadas en la idea de la metamorfosis, sino que implica también que estamos madurando en lo que se refiere a nuestras necesidades y a nuestra comprensión de la cultura, y que creemos que es el momento de introducir estos componentes en la arquitectura de un modo más intenso.

¿Pueden imaginarse, por ejemplo, toda una fachada que se transforme? No sólo la mitad de la fachada, como en este proyecto, sino toda la fachada, como una cortina que se corre de un lado a otro. En mi opinión, esto es verosímil hoy y constituye un desafío, tanto para la nueva generación de arquitectos como para la evolución de la arquitectura.

La estación de ferrocarril de Stadelhofen (Zúrich, Suiza, 1983-1990) se ubica en una ladera. En sección, tenemos el lago de Zúrich que anteriormente se extendía hasta la base de esta colina, una morrena formada por depósitos glaciares. Los primeros habitantes de la zona construyeron un muro en parte del lago para crear una zona llana sobre la que comenzaron a construir. Posteriormente, llegó el ferrocarril y cortó la colina para construir dos líneas. El corte separó dos áreas de carácter muy diferente, una situación que aún se mantiene en la actualidad; uno de los lados es muy urbano y el otro muy verde.

Nuestra labor era ampliar la estación. Se trata de una estación con gran intensidad de tráfico y con mucha importancia dentro del esquema ferroviario regional. Nuestra intervención tuvo en cuenta el hecho de que existía un corte desde el que nos teníamos que retirar, seccionando la colina más profundamente. La idea básica era conservar el límite original del corte, de manera que fuese posible conservar la zona verde que se hallaba por encima. Para ello, propusimos una estructura a modo de muro que se ancla a la colina de forma permanente. El muro sustenta las viviendas construidas encima que a veces se encuentran muy próximas al límite del emplazamiento. Se construyeron jardines y una pérgola a lo largo del muro, preservando el carácter de la parte superior del emplazamiento y permitiendo que la gente pudiera pasear por la parte superior mientras los pasajeros esperaban el tren en la parte inferior. Bajo las líneas del ferrocarril construimos una galería comercial subterránea, lo que hace que la conexión con los andenes sea más segura y entretenida.

27m

Había otras muchas cuestiones de naturaleza técnica que condicionaban el proceso de construcción. Por ejemplo, el solar sobre el que trabajábamos era muy estrecho, en algunos puntos de sólo 27 m de ancho. Había casas a ambos lados, así que, por razones técnicas, tuvimos que excavar la obra hasta catorce metros de profundidad. Además, tuvimos que construir el proyecto con trenes circulando a todas horas; no se interrumpió en ningún momento el tráfico en la estación y los trenes llegaban, en horas punta, cada dos minutos. Esto constituía todo un reto en un solar tan estrecho, especialmente en lo que se refiere al montaje y a la seguridad.

Estaba muy nervioso porque fue uno de los primeros trabajos en los que me encargaba tanto de la arquitectura como de la ingeniería. Era algo muy importante pero también creía que teníamos que divertirnos con la estación. Así que, además de relacionar la estación con el funcionamiento del complejo ferroviario y del contexto urbano, empecé a experimentar por primera vez con ideas relacionadas con el cuerpo humano y la anatomía. Pensé en los gestos. Comencé con mi mano y la idea de la mano abierta que tiene un significado de amistad y sinceridad. De la mano abierta con la palma hacia abajo, escogí la zona entre el pulgar y el dedo índice como la forma del pilar, forma que se puede observar en repetidas ocasiones en todo el proyecto.

Debo aclarar también que se trata de una estación geodésica; no es plana. Los trenes salen de un túnel subterráneo y vuelven a entrar en otro. Ambos lados del túnel tienen una sección curva descendente, y sólo el centro de la estación es plano. Así que construimos la estación con una forma ligeramente arqueada. Los pilares están inclinados para ser perpendiculares a la inclinación de la curva del arco, pero no se nota ningún cambio de inclinación de uno a otro. Si fuesen verticales se apreciaría inmediatamente, pero se encuentran inclinados en todas direcciones, incluso en la galería subterránea. La estación también es curva en planta. Se trataba sencillamente de una circunstancia de ingeniería; la planta y la sección de las vías ya estaban construidas y habían sido realizadas por ingenieros. Pero la existencia de una curvatura permite conseguir que la estación de 280 m de longitud parezca mucho mayor de lo que es, ya que desde el centro de los andenes no se puede ver dónde acaba. Así que las curvas de la planta y de la sección respaldan la idea del proyecto. La forma, al rotar como un toro, enfatiza el movimiento de los trenes. La existencia de este tipo de geometría rotacional hace que sea posible conseguir un efecto dinámico en la arquitectura, especialmente a través de la repetición de los elementos.

Es interesante observar que, de hecho, la estación es casi una no-estación, pues desaparece escondida tras los tejados de la ciudad.

Me gustaría hacer un pequeño paréntesis para explicarles una experiencia diferente con el hormigón. La asociación suiza de fabricantes de hormigón armado me encargó la construcción de un pabellón para una exposición en Basilea. Para este pabellón Swissbau (1989) construí una máquina que intentaba poner el hormigón en movimiento. Conocemos el hormigón aligerado, el hormigón pesado, todo tipo de hormigones, pero el hormigón en movimiento es algo extraño. No sé si conocen a Eugène Freyssinet, el inventor del pretensado del microhormigón para la fabricación de alas de aviones. Probablemente nunca se logró pero Freyssinet llevó a cabo todo tipo de estudios sobre la materia, lo que quiere decir que a principios del siglo XX, en las décadas de 1920 y 1930, había gente con ideas y deseos muy osados respecto al uso de este material.

En este pabellón quería conseguir formas que estuviesen estrechamente relacionadas con el cuerpo. Por "cuerpo" me refiero a la anatomía del cuerpo humano. Me interesaba la sensualidad de la forma. Quizá vean costillas y elementos circulares que giran. Es un modo muy táctil y suave de utilizar el hormigón que generalmente no se tiene en cuenta. No se trata sólo de que el hormigón se mueva, sino de conferirle propiedades sensuales, como las propiedades que poseen la carne o la piel. La idea de "organicidad" se manifiesta incluso en los detalles de unión entre una pieza y otra. La forma del detalle pasa a ser el resultado de algo más que una elaborada geometría estructural; nos permite recrear, como en un sueño, la idea de un pecho, por ejemplo.

El último proyecto del que me gustaría hablarles es la estación de ferrocarril del aeropuerto de Satolas (Lyon, Francia, 1989-1994). Se debe tener en cuenta que este proyecto fue construido por personas extremadamente cuidadosas y hábiles que fabricaron el hormigón con sus propias manos. Se debe entender la belleza de la construcción en obra como un proceso; la manera en la que las cosas se unen, la importancia de un acercamiento a la gente que trabaja en la obra, pues ellos son fundamentales. De hecho, si alguien arriesga su vida, no es precisamente el arquitecto, sino la gente que trabaja a pie de obra.

La estación se ha construido con hormigón, aluminio, acero, vidrio y pavimentos de granito. El hormigón es blanco, y se utiliza únicamente cemento blanco, con áridos naturales de la zona y arena gris clara. Esto proporciona un hormigón muy ligero, cuyo color nos recuerda al lugar. La cubierta es de aluminio y refleja la luz del sol. La fachada de las naves de las vías se ha construido con hormigón y vidrio entre los pórticos. En la explanada se han utilizado adoquines de granito y todas las barandillas están hechas de hormigón. Las fachadas grandes y abiertas del ala son de acero y vidrio. Hay una gran variedad de materiales, pero hay unas reglas muy precisas para su uso. Por ejemplo, el acero jamás toca el suelo y está siempre enmarcado con hormigón. No hay nunca contacto directo entre el elemento de soporte y el suelo.

El ala de la estación está orientada al sur. Trazamos el ángulo de la cubierta de acuerdo a la inclinación del sol en el solsticio de manera que, entre mediados de junio y noviembre, el sol no entra en el interior del espacio. Después de noviembre, la fachada deja entrar la luz en todo el volumen del espacio, lo que permite tener un edificio con muy poca necesidad de climatización adicional.

o anido

certeza, precisos, ilusivos

instrumento físico orga...
...en su consideración...
...ma del esqueleto se...

...ración frio a la muerte desacces...

mundo de las ideas, cuya expresión
...e inmediata s el gesto de

oj...
externo
oj...
interior...

...de la intuición; el orden del pensam...
...vean otra imagen... juzgan y contro...
...ipados y percibid...

das   externo

Me interesaba la idea de crear una estructura basada en ciertas proporciones del cuerpo humano. La unión de muchos de estos cuerpos sustenta las cubiertas de la estación. Toda la cubierta se basa en este sistema modular.

La idea para la forma de la estación y su cubierta se generó a partir del ojo, algo que creo que es muy importante. Alguien dijo en una ocasión que si Rafael no hubiera tenido brazos, habría sido muy buen arquitecto, pues el instrumento de trabajo de un arquitecto es el ojo: la capacidad de ver, juzgar e inventar objetos. Existen dos tipos de ojo: los dos del rostro y los de la mente que inventan y combinan las cosas.

FUERZA Y FORMA

Si consideramos que la ingeniería es un arte —y creo que lo es—
y si retrocedemos hasta un tiempo en que no existía ninguna
diferencia entre el arte de la arquitectura y el arte de la ingeniería, como ya he sugerido que hiciéramos al inicio de mi primera charla, podemos considerar que depende de nosotros, y
especialmente de la nueva generación, el que se produzca un
renacimiento del arte. No se trata sólo de nuestra herencia sino
también el origen de la herencia recibida que debemos trasladar a la acción a través de nuestra capacidad para construir
edificios, de reinventarlos en cada ocasión.

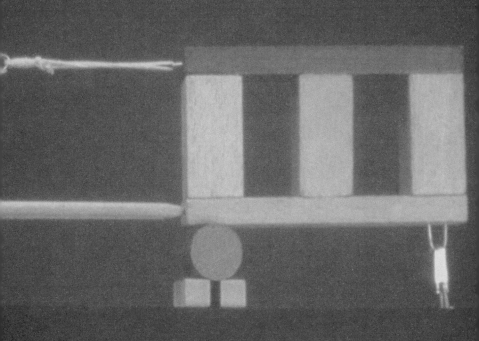

Me gustaría comenzar mi segunda charla mostrándoles otro pequeño objeto construido con los juguetes de mis hijos. Este objeto expresa otra modo de unir las cosas, colgando la misma piedra que en el caso anterior, pero, en este caso, las fuerzas trabajan en paralelo unas con otras, sin cruzarse. Es como un juego en el que descubres que el peso de un objeto tiene la capacidad de expresar algo y que todo depende del orden de las fuerzas.

En mi opinión, es fundamental la consideración de las propiedades estáticas de un puente. El equilibrio estático de un puente constituye probablemente su parte más esencial, así que si pensamos en el puente como un cuerpo, esta condición estática es análoga a la del corazón. Desde luego, el cuerpo tiene otras partes y en un puente hay otras propiedades. El núcleo de todo el problema tiene mucho que ver con resolver el problema que implica transmitir las fuerzas de un lado a otro.

Uno de los primeros puentes que proyecté fue mi proyecto de fin de carrera en la ETH de Zúrich. La inspiración para este puente procedía de dos ideas diferentes. La primera idea era la de un puente en voladizo y la segunda, la de esos hermosos puentes de arcos en los que las fuerzas se expresan a través del arco. En un puente en voladizo las fuerzas trabajan de otra manera: se produce tracción en la parte superior y compresión en la inferior, y entonces la zona de los momentos flectores se transfiere al eje del apoyo. Partiendo de la sección de un puente en voladizo, dividí el material en el soporte para separar estos tres esfuerzos y pensé que la idea de dejar un hueco bajo el tablero podría ser muy interesante.

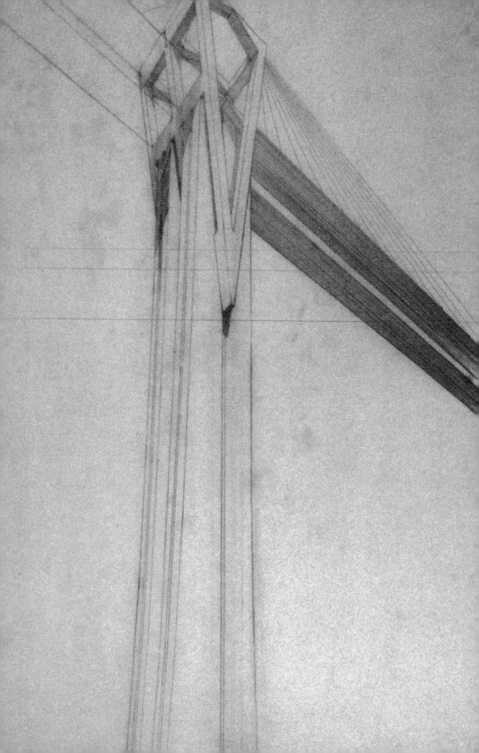

Para el apoyo vertical comencé con la idea de un pilar con ciertas proporciones que hoy relaciono con el cuerpo humano. De hecho, si miramos el pilar de frente, se parece a la figura de un cuerpo con los brazos levantados por encima de su cabeza para sostener el tablero. La parte inferior del apoyo se encuentra donde debería estar la cabeza. Además, y quizá sea una contradicción, en lugar de construir la parte inferior del voladizo más ancha en el apoyo vertical, la hice más estrecha para enfatizar la independencia entre el tablero superior (que necesita cierta anchura por las dimensiones de la calzada), y la parte inferior del voladizo que trabaja a compresión.

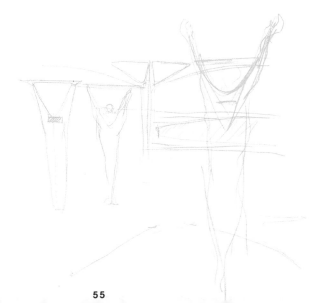

El primer puente que construí, del que me gustaría hablar, es el puente del Alamillo (Sevilla, España, 1987-1991). Mi idea para la Exposición Universal de 1992 era construir dos puentes simétricos a cada lado de la isla con un viaducto que los conectara. Primero proyecté el viaducto que cruzaba la isla, un viaducto con muchos apoyos y bastante transparente. Más tarde proyecté los puentes en respuesta a la escala del espacio. Los puentes tendrían mástiles como gestos que articulaban dicha respuesta.

Por diversas razones, sólo pude construir uno de los puentes. El proyecto del puente era original; hasta donde alcanzo, nunca se había construido este tipo de puente. Generalmente, en un puente atirantado existe una compensación de las fuerzas de los cables en el lado del puente del pilón con las de los cables en el lado fijo del pilón. Sin embargo, si inclinamos el pilón, las fuerzas se encuentran compensadas no sólo por los cables que están detrás, sino también por el peso propio del pilón. Si el pilón está suficientemente inclinado y es suficientemente pesado, casi pueden compensarse todas las fuerzas del puente simplemente con el propio pilón. Esto es lo que intenté hacer aquí.

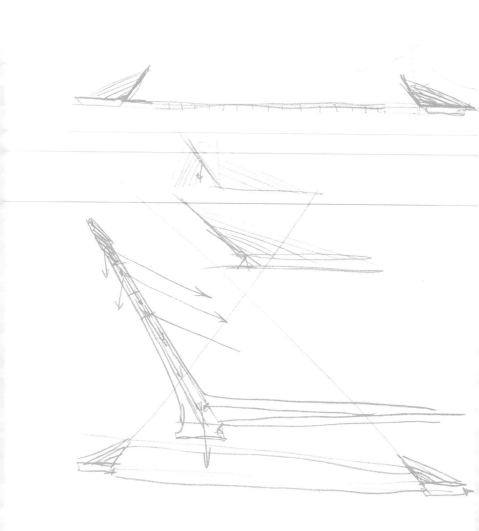

Es importante comprender este objeto mecánicamente y ésta será una de las pocas ocasiones en las que voy a hablar sobre este tema. Mecánicamente, lo que ocurre es que cada segmento del pilón o mástil tiene un cierto peso que empuja hacia abajo. Junto a la tensión del cable, el resultado de estas dos fuerzas coincide con la dirección del mástil. El siguiente elemento del pilón tiene entonces otro peso –otra fuerza– y así sucesivamente, y en cada caso la resultante cae dentro del pilón. Por último, la resultante se compensa con la fuerza horizontal que proviene del tablero y llega como una fuerza vertical pura a la base. La cimentación es muy pequeña en relación a la enorme luz del puente. Es interesante observar que si la carga muerta produjera una resultante en este punto, entonces la carga viva la desplazaría. Hay también otros problemas, como el empuje del viento y muchos otros aspectos a tener en cuenta en un sistema en voladizo.

Me gustaría volver ahora a Valencia, mi ciudad natal, y a su río, el Turia. Valencia posee un patrimonio de puentes de piedra que, en mi opinión, pocas ciudades de esta parte del mundo tienen; puentes del gótico temprano, del gótico tardío, puentes renacentistas, todos construidos con arcos. Se trata de obras maravillosas que creo que, sin ninguna duda, tienen un gran valor arquitectónico. De hecho, si uno observa las antiguas puertas de piedra de la ciudad y el puente gótico que conduce hasta esas puertas, se observa que hay muy poca diferencia entre el lenguaje arquitectónico de las puertas de la torres y el del puente. Hay otro puente que no sólo posee unas enormes escaleras públicas, sino también capillas, y otro –un puente de hormigón de principios del siglo XX– que posee cariátides y otros elementos decorativos realizados por Terencio, un escultor de la ciudad. Es decir, si retrocedemos un poco, llegamos a una época en la que la arquitectura y la construcción de puentes se hallaban absolutamente ligados. Los constructores de puentes fueron muy conscientes de esta particular relación. También eran conscientes de la seriedad del acto de construir un puente. Muchos de estos puentes tienen cinco o seis siglos y han resistido terribles crecidas del río. Pero incluso teniendo en cuenta los requerimientos estructurales de un puente, los constructores también pensaron en construir pequeñas capillas (quizá para rezar en ellas y no ser arrastrados por la siguiente crecida).

En este entorno construí un puente con arco sobre el Turia (Valencia, España, 1991-1995). Tiene una plaza debajo de él y una estación de metro bajo la plaza. Es un puente construido sólo con acero, del mismo modo que los otros están construidos sólo con piedra (también he construido otro puente en Valencia, a la salida de la ciudad; a excepción de algunos elementos, el puente es totalmente de hormigón). En el primero, dividí el tablero en dos; en primer lugar porque requería mucha anchura a causa del tráfico, y en segundo lugar, porque era la continuación del bulevar que llega hasta el puente por uno de sus lados. Decidí dejar un hueco vacío bajo el centro del puente que corresponde al espacio del bulevar. Bajo el puente quería enfatizar el efecto espacial. En este espacio se va a construir un estanque que reflejará la luz sobre la cara inferior del puente y donde se reflejará él a su vez. La luz penetra en este espacio desde los lados y desde arriba, entre el paso para los peatones y la calzada.

El siguiente es el puente Felipe II (Barcelona, España, 1984-1987), en el que me gustaría señalar de un modo especial la capacidad que posee una obra pública –por ejemplo, un puente– de generar infraestructuras y al hacerlo, de cambiar las condiciones de una parte de la ciudad. El área de Bach de Roda, donde se construyó este puente, era un barrio muy humilde, una especie de *bidonville*. Estaba previsto trasladar a la gente que vivía en la zona a viviendas de mejor calidad, de manera que la zona inmediatamente adyacente al puente y a la estación de tren que se encuentra un poco más abajo, se transformaría en una serie de parques. De esta manera, una parte muy poco agradable de Barcelona se ha transformado en un lugar que tiene el potencial, en mi opinión, de convertirse en una zona representativa de la ciudad. En este caso, la necesidad de construir un puente y de establecer una vía de conexión proporcionó el impulso necesario para regenerar una parte de la ciudad.

Una de las ideas básicas en este puente era crear un lugar. El puente es más ancho en su centro, como si fuera un balcón, y los arcos que salvan las vías del ferrocarril no sólo otorgan significado al puente, sino también a ese lugar en medio de ese barrio. En esa zona de la ciudad el paisaje no es muy romántico, pero, por otro lado, al mirar las montañas del fondo y los edificios de viviendas de alrededor, creo que ese espacio tiene un enorme potencial de convertirse en un lugar interesante en Barcelona, especialmente ahora que hay zonas verdes a ambos lados del puente.

Creo que todas las ciudades, especialmente hoy en día, necesitan mucho que sus obras públicas contribuyan a su regeneración. Durante los años setenta, los intereses arquitectónicos y urbanísticos se centraron en el aspecto histórico, que favorecía la regeneración de los centros de las ciudades para hacerlos más habitables. Estos intereses iniciaron también la conservación de una gran cantidad de edificios que, de otro modo, habrían sido víctimas de un desarrollo especulativo. Pero, entretanto, el desarrollo urbanístico de la periferia empezó a convertirse en un problema significativo. Así que, actualmente, el problema es cómo rehabilitar estas partes de las ciudades –especialmente en las ciudades europeas– donde la población se ha duplicado o triplicado en los últimos treinta o cuarenta años. Creo que las obras públicas, como los puentes y las estaciones, al crear y focalizar la actividad urbana, pueden convertirse en fuerzas muy importantes para la regeneración de estas zonas.

Los siguientes proyectos exploran la idea del arco. El primero de ellos es un palacio de exposiciones en Santa Cruz de Tenerife (Islas Canarias, España, 1992-1995). A veces, al proyectar un edificio funcional como éste, como en el caso de muchos de los puentes, que tiene en que construirse con un presupuesto muy bajo, la idea de utilizar arcos es muy importante. El arco es muy eficaz en el caso de grandes luces. En este edifico hay muchos tipos de arcos: medios arcos de hormigón, y en la parte superior, arcos de acero. Un gran arco de 240 metros de luz sustenta toda la cubierta.

Me gustaría hablar en particular del arco inclinado. El primer ejemplo que voy a mostrar es la pasarela peatonal de La Devesa (Ripoll, Girona, España, 1990-1991), al norte de Cataluña, en medio del espectacular paisaje de los Pirineos. En este paisaje construimos un puente para unir la estación de tren con un barrio residencial situado al otro lado del río Ter. La zona entre el puente y el límite del barrio también se iba a transformar en un parque, con una plaza y una serie de intervenciones que iban a ser realizadas por otros arquitectos. Como señalé anteriormente, los puentes poseen un gran potencial a la hora de regenerar una zona, porque introducen una buena razón para reestructurar la zona adyacente y, al hacerlo, convierten estas zonas de la ciudad, hasta ahora bastante olvidadas, en lugares más habitables; como ocurrió en el caso de esta zona de Ripoll.

Me gustaría centrarme en la sección transversal del puente y en el arco inclinado, porque en los puentes de arco, tal y como yo he intentado aprovechar la torsión, se produce una progresión bastante audaz hacia una asimetría. En el puente de Ripoll, puesto que el soporte –el arco– se ha desplazado hacia uno de los lados, el peso propio y sus cargas crean un momento torsor en el punto de soporte. Esta torsión recae en una sección tubular que recorre toda la longitud del puente y que conecta las costillas del tablero con el arco inclinado. En el puente de Valencia, transformamos esta estructura tubular en el propio tablero, de manera que el tablero resiste la torsión. En el caso del puente de Ondárroa (Vizcaya, España, 1989-1995), teníamos una viga de caja y una pasarela en voladizo desde la cual se proyectan los costillares para que el arco resistiera el pandeo; y desde el arco existen elementos de tracción que sostienen la viga lateral. En el caso de Orleáns, la torsión recae por completo en la sección de la calzada, sustentada por el arco únicamente mediante cables.

Así pues, existe una cierta progresión, comenzando con el puente de Mérida, donde el arco está centrado sobre el tablero de la calzada, que es el elemento que proporciona resistencia frente a la torsión. Se trata de un gran arco compuesto por tres tubos, como en el primer caso. El segundo caso es Ripoll, que para mí fue una especie de experimento para controlar el sistema del arco inclinado con una luz de 70 m, haciendo que fuese viable con un coste muy bajo y con un tablero de sólo tres metros de ancho. El tercer caso es Ondárroa, en el que hay una carga importante de tráfico, como en el cuarto caso de Valencia, con cuatro carriles para el tráfico. El quinto caso es Orleáns, con una luz mayor, cuatro carriles para el tráfico y paseos para los peatones a ambos lados.

Lo interesante en este tipo de puente es la torsión. En muchas de las secciones transversales estándar que vemos en los puentes con arco, el arco es recto, de manera que la resistencia a torsión en la viga en caja que sustenta la calzada está inutilizada en su mayor parte, pues sólo hay una carga unilateral. Lo que he intentado explorar en estos puentes es el fenómeno de la torsión, cómo aprovechar la resistencia de torsión de la calzada para crear cierta asimetría en el puente que me permite, por ejemplo, enfatizar la posición del puente en relación con la ciudad que lo rodea, la dirección del agua e incluso la posición del sol. Me permite hacer que el propio puente sea sensible, como un fenómeno que ha sido introducido en el paisaje circundante.

El paisaje de Ondárroa es muy pintoresco, con el océano Atlántico enfrente, un pequeño puerto y barcos de pesca. Para el Puente Puerto, intenté aprovechar las ventajas de las circunstancias y los materiales locales; utilizando, por ejemplo, piedra de la zona para construir los muros de contención. Mucha gente cruza el puente a pie para ir a la única playa de Ondárroa, así que era necesario construir un paseo amplio. Este hecho me hizo pensar en la idea de construir un gran balcón en uno de los lados del puente. Hay otra pasarela al otro lado del puente, pero a éste se le ha dado una relevancia mayor al separarlo de la calzada. Con las barandillas del paseo conseguí arriostrar el arco que sustenta el puente mediante cables. Como en el caso del puente de Valencia, me interesaba también el espacio situado debajo del puente. En Ondárroa los cambios de marea son muy pronunciados y mucha gente llega con sus barcos hasta la zona que rodea el puente. Fue necesario construir grandes escaleras que bajan hasta el agua formando parte de los muros de contención. Separé las partes del puente de manera que la luz penetrara en el espacio que se encuentra debajo y este hecho, junto con los muros de contención, crea un espacio muy interesante.

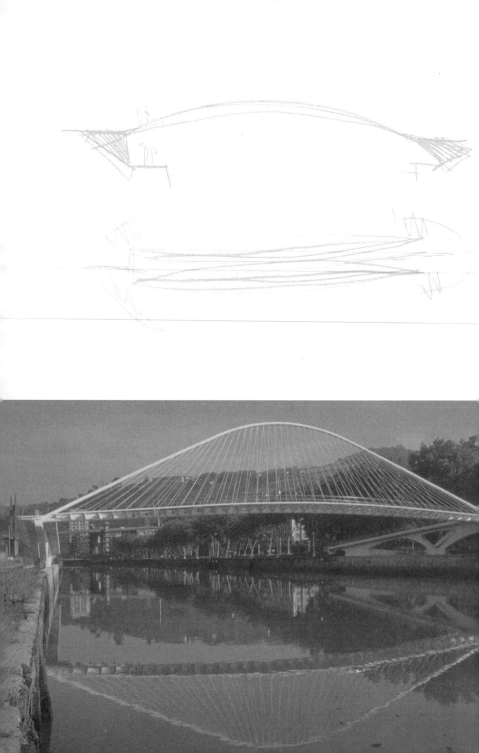

El puente Campo Volantín (Bilbao, España, 1997) es interesante porque, en cierta medida, es la antítesis de lo que había aprendido, o pensado, sobre cómo era un puente clásico, especialmente en lo que se refiere a los muros de contención. Si se piensa en un puente clásico, como los puentes de Venecia, tenemos un arco y todas las fuerzas del arco se transmiten directamente a tierra en el muro de contención sólido. Este hecho se señala mediante una escalera, que permite que la gente descienda al canal. El muro de contención es un elemento clásico en un puente, es el modo en que el puente toca tierra como una continuación de las fuerzas.

En Bilbao, apoyé el puente mediante secciones en voladizo levantadas en las orillas del río y que corren paralelas al mismo. El tablero del puente se apoya en estos soportes, que son como brazos. La sección en voladizo del soporte es medio arco, y allí donde generalmente encontramos terraplenes sólidos, aquí sólo hay vacío. Este vacío y los soportes le dan una direccionalidad al puente, que se puede asociar con la dirección de la corriente del río.

El flujo de peatones transcurre paralelo al río, lo cruza, y después vuelve a la dirección original. Expresé este movimiento de un modo muy sencillo, curvando la planta del puente. Así pues, también desaparece la idea de la línea recta y estricta de un puente clásico. Quería realizar un elemento que sustentara esta estructura que –aunque estuviera colocado asimétricamente– pudiese compensar ópticamente la asimetría del tablero. De esta manera, el arco se inclina sobre el tablero en dirección opuesta a la curva.

El tubular a torsión bajo el tablero dicurre en línea recta, de modo que el punto de unión entre el arco y el tubular a torsión es muy importante. Dado que la fuerza del arco llega a este punto diagonalmente –en sección– y la fuerza del tubular a torsión lo hace horizontalmente, la resultante de las fuerzas desplaza varios decímetros el soporte vertical necesario, revelando, en cierta manera, una de las muchas situaciones paradójicas que se dan en el puente: el soporte del arco está a 90-120 cm del punto donde se une con la estructura tubular a torsión, aunque esté centrado en términos de fuerza. En este punto intenté jugar formalmente con un entendimiento muy claro de cómo funcionan las fuerzas de construcción. Por ejemplo, si observamos la planta del puente, se verá que la torsión está compensada globalmente, pues el tablero del lado del tubular a torsión es igual en superficie al tablero del otro lado. Al final, se obtiene el mismo torsor a ambos lados.

Actualmente, en cierto modo hemos perdido el idealismo de los años sesenta, cuando la arquitectura se implicaba mucho más con los problemas sociales. De hecho, hoy ignoramos estos problemas, a pesar de que vivimos en un mundo en el que una tercera parte de la población no tiene lo necesario para su alimentación diaria. Creo que es algo muy dramático. ¿Pueden imaginarse cuántas infraestructuras se necesitan todavía? Si pensamos en las épocas heroicas de la ingeniería, cuando la gente llegaba a nuevos lugares, imaginen el esfuerzo que suponía llevar el agua a un lugar, o frenar la crecida de un río, o construir infraestructuras de saneamiento. Creo que al construir puentes se sigue sintiendo la fuerza de ese tipo de necesidades; especialmente en los puentes de las ciudades.

También creo que aún no se ha conseguido desarrollar todo el potencial que poseen los puentes y su diseño. La vitalidad de los puentes proviene tanto de la necesidad como del hecho de que son sorprendentemente expresivos, elementos de la ciudad que no pasan inadvertidos. ¿Pueden imaginarse Nueva York, por ejemplo, sin esos magníficos puentes? ¿Que ocurriría si el puente George Washington fuese un puente con muchos ojos en vez de ese gesto que salva un vano de un kilómetro cuando la mayor luz hasta entonces no llegaba ni a la mitad? La ingeniería todavía puede provocar respuestas muy potentes mediante gestos como éste.

Si observamos la ingeniería del siglo XIX, vemos que los ingenieros eran muy cuidadosos en el diseño de barandillas e iluminación. Eran conscientes de que ser cuidadosos con los detalles mejoraría el puente. Hay personas que dicen que "la arquitectura es todo aquello que puede eliminarse en un puente mientras se sostenga". No es cierto. La arquitectura es el propio puente, porque el puente está dedicado al hombre. Todo lo que proporciona satisfacción al hombre, es bueno para el puente.

MOVIMIENTO Y FORMA

Esta tarde me enfrento a la tarea de ofrecerles la tercera conferencia, que para mí es, quizá, la más difícil. Me gustaría confesarles que se trata, en cierto modo, de la parte más íntima de mi trabajo y que es el resultado de la acumulación de ideas, esculturas y dibujos que se han generado al proyectar este o aquel edificio. Al mostrárselos, estoy actuando como un cocinero que quiere ofrecer sus secretos a otras personas, especialmente a los jóvenes: qué ingredientes, qué tipo de hierbas aromáticas o de especias se han mezclado para conseguir tal o cual sabor especial. Aunque la naturaleza de la obra es muy personal, también se trata de la culminación de todo aquello que he aprendido durante mi vida: el enfoque de diferentes artistas, el acercamiento al concepto de arte, del arte de la ingeniería, del arte de la arquitectura y de cómo se conectan todas estas cosas. Así pues, es mucho lo que deseo ofrecerles. Por este motivo, me expresaré con palabras sencillas pues se trata del modo más fácil de comunicar de la forma más directa posible.

En las dos primeras charlas comencé enseñándoles pequeñas esculturas hechas con piezas de juegos de construcción de mis hijos. Las esculturas no eran muy grandes, más o menos de unos 30 cm de ancho. En ambas, el problema consistía en mantener la piedra colgada de estas máquinas. Observándolas, vemos que es únicamente el cambio de ubicación del apoyo (utilizo intencionadamente esta palabra, un término propio de la ingeniería) lo que crea dos formas diferentes de ordenar las fuerzas. En el primer caso, las fuerzas trabajan en paralelo, y en el segundo, se cruzan unas con otras; pero, de hecho, se trata del mismo ejercicio: cómo sostener una piedra. Hay varias cosas que me gustaría subrayar en relación con este hecho. En primer lugar, sostener una piedra es en sí algo importante porque se está trabajando en contra de la tendencia a que la piedra caiga. Como en el caso del científico que supuestamente fue golpeado en la cabeza por una manzana, vivimos en un campo de fuerzas y gravedad que es inmediato a nosotros. Probablemente, nuestros cuerpos tendrían una conformación completamente diferente si la gravedad, o las fuerzas que nos rodean, fuesen distintas.

En segundo lugar, las esculturas se sostienen porque el peso de la piedra está activando el sistema. Esto quiere decir que si la piedra no estuviese ahí sería muy difícil sostener toda la máquina. Así que el peso, o la existencia de la gravedad, es algo materialmente presente. La escultura se sostiene porque la gravedad está ahí y porque la gravedad es una situación constante. ¿Qué ocurriría si cortáramos la cuerda que transmite el peso de la piedra a todo el sistema? Muy sencillo: la piedra caería y después la pequeña estructura también. Cuando la piedra cae, se produce movimiento. Las fuerzas de la máquina se hallan estrechamente relacionadas en su condición estática con este movimiento, lo que significa que la presencia de la fuerza está siempre relacionada con un movimiento que no se puede establecer antes de activarse. Consideremos por un momento las fuerzas como un movimiento cristalizado. En mi opinión, nos encontramos ante una aproximación muy hermosa, porque en su condición estática, incluso en el objeto más estable, el movimiento está oculto. Ahí hay un movimiento, y por ello he pasado de la idea de fuerza y forma, de la que hablé en mi anterior conferencia en relación a los puentes, a la idea de movimiento y forma, que resulta mucho más difícil de representar mediante diapositivas.

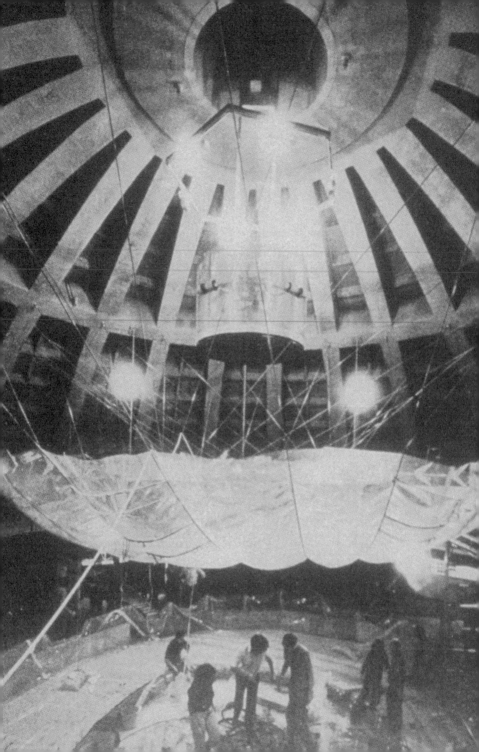

Me gustaría comenzar hablando de dos proyectos que se construyeron mientras estudiaba en la ETH de Zúrich. El primero se hizo con un grupo de estudiantes bajo la dirección de Jürg Altherr. Construimos una piscina colgada de la cúpula de la ETH mediante 24 cables que soportaban 24 costillas y una membrana de policarbonato de 1,2 mm de espesor. Contenía 24 m^3 de agua, e incluso era posible nadar en ella, aunque no quedarse mucho tiempo en el agua, pues la presión de los pies podía romper o deformar la membrana. La construcción constituía un reto muy particular pues bajo la cúpula, bajo aquella piscina, se encontraba la biblioteca. ¿Se imaginan toda aquella agua cayendo sobre una biblioteca?

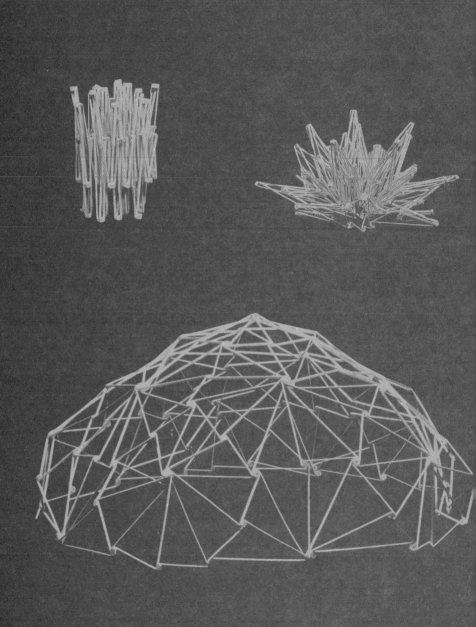

Diferente, pero no carente de relación con esta idea de sostener algo pesado, el segundo proyecto constituía un estudio sobre el movimiento explícito de los poliedros. Mi tesis doctoral se titulaba *Sobre la plegabilidad de las estructuras*, y se centraba en el estudio de la topología del poliedro y en cómo se podía plegar o transformar un poliedro muy complejo hasta convertirse en un haz con todas las aristas paralelas. A través de una serie de fases, este haz se abre, cambiando lentamente de forma para recuperar el poliedro principal, que se aproxima a una bóveda. Aunque no tenía demasiado buen aspecto, la cuestión fundamental se refería al complejo proceso geométrico de cambio de forma de un haz a una semiesfera.

Otra fuente de interés que me gustaría subrayar es la naturaleza y la simple observación de la misma; me refiero a observar de manera directa y sencilla los objetos de la naturaleza que nos rodean: árboles, hierba, flores o cualquier objeto natural. Una de mis primeras maquetas, basada sobre unos bocetos de estudio, intentaba tomar la estructura de un árbol y aplicarla a un grupo de árboles construidos en acero y vidrio. Ya no pensaba en términos de las cualidades específicas del propio objeto, sino que, mediante un enfoque en cierto sentido sistemático, decidí convertirlos en algo transformable, y me refiero en este caso a que cambian de forma. Así que las costillas de la parte superior del árbol que hacen de cubierta giran en su punto de apoyo y toda la cubierta se abre mediante unos mecanismos. La idea de estos árboles se incorporó posteriormente a un proyecto para una galería comercial en Toronto (BCE Place Gallery, Toronto, Canadá, 1987-1992). Sin embargo, la idea de capacidad de transformación mecánica no se incorporó en los árboles, sino a una gran ventana abatible que separa la galería, un lugar tranquilo, de Heritage Square, que es un espacio muy animado y ruidoso.

Siguiendo con la idea del árbol –una idea muy general, en mi opinión– construimos la Estación de Oriente (Lisboa, Portugal, 1993-1998). En este caso, utilicé el mismo vocabulario, y lo escogí en concreto porque la ciudad de Lisboa no sólo es muy bella, sino que tiene también el carácter tan suave de las ciudades de la costa Atlántica. El espacio es muy transparente con una luz muy hermosa. En este entorno no quise construir una estructura muy potente, como en el caso de Lyon, sino una suave, una estructura abierta con los trenes que pasan por un lado y las vistas por el otro.

Otra tema muy importante también en arquitectura es la anatomía y la idea de la interpretación de las estructuras del cuerpo humano o la apreciación del cuerpo humano en un sentido arquitectónico. Hagamos lo que hagamos, la magnitud o dimensión de un objeto está siempre relacionada con nuestro cuerpo. La arquitectura se relaciona de un modo muy natural y sencillo con las personas, porque está hecha por y para las personas, lo que convierte a la anatomía en una fuente de inspiración muy importante. Este hecho no sólo fue cierto durante el renacimiento, cuando la anatomía humana constituía la base de las reglas del sistema proporcional, sino también en el siglo XX con el Modulor de Le Corbusier. La anatomía –la idea de la mano, de la mano abierta, del ojo, de la boca, el esqueleto– es una rica fuente de inspiración e ideas. En la tectónica de nuestro cuerpo es posible descubrir una lógica interna que puede resultar muy valiosa al construir edificios.

Es muy importante reconocer el aspecto puramente plástico o escultórico del fenómeno arquitectónico y no supone ningún conflicto con los aspectos funcionales de la arquitectura, ni con los aspectos estructurales. Las alas de la estación de Lyon, por ejemplo, toman su geometría de una escultura que se había realizado previamente como un estudio sobre el ojo.

Más abstractos que mis estudios sobre el ojo son aquellos sobre el modo como la cabeza se apoya en cierta posición sobre los hombros. ¿Por qué y cómo puedo girar mi cabeza? Toda la masa se soporta únicamente por el atlas de la columna vertebral de forma que la cabeza pueda moverse. Este hecho asombroso de poder mover la cabeza –girándola, inclinándola, o ambas cosas a la vez– es muy interesante y, en cierto sentido, muy espectacular. He realizado estudios acerca de cómo sostener la cabeza. Comencé con un volumen puro y masa, un cubo, tratando de sostenerlo con una serie de elementos de aluminio; por ejemplo, con un eje muy, muy delgado y una serie de cables a su alrededor. En otra escultura, la masa, o cabeza, está sustentada verticalmente por un elemento y se utiliza un segundo elemento oblicuo para empujarla hacia atrás, para fijarla en su posición horizontal. En la sección de la estación de Stadelhofen se ha utilizado el mismo principio pero, en este caso, la tierra es la masa que en la escultura se halla representada por un cubo.

Me gusta mucho la pureza de una idea única, del mismo modo que la expresión de una única nota puede resultar algo muy potente. La complejidad se origina mediante la superposición coherente de ideas, lo que significa que aunque cada idea pueda existir independientemente, pueden también superpo-

ultva ③   torto dicoudad

nerla a la otra, como un pintor que no sólo trabaja con el negro sino con varios colores, o que esconde una gran porción de azul tras la pintura para capturar el horizonte. Así, en Stadelhofen, por ejemplo, además de la referencia a la cabeza que se sostiene, encontramos también la idea de la mano, la mano abierta. Esta referencia está representada a lo largo de todo el proyecto. Se convierte en *leitmotiv* de la configuración de la mayoría de los elementos estructurales de la estación: los contrafuertes, una pequeña marquesina, la pérgola. La mano reflejada constituye la sección transversal del subterráneo. Hay muchos lugares donde puede asociarse un gesto con esta misma geometría.

Otra serie importante de estudios plásticos da un paso más allá. Describen la columna vertebral, o cómo nuestro cuerpo se mantiene erguido. La columna se compone de vértebras que en las esculturas se representan muy elementalmente como una serie de cubos.

Una vez conseguido el concepto básico de la columna es muy fácil mover los elementos a su alrededor, reestructurar la columna de diversas maneras. En un caso coloqué los cubos escalonadamente alrededor de un cable central. En otro, se adelantan de modo que la idea de movimiento es mucho más explícita. A pesar de que el material es el mismo, la rigidez hierática ha desaparecido, de manera que ahora consigues más bien la idea de una columna curva. También es muy importante cómo se contorsiona nuestra columna, cómo gira alrededor de un eje y cómo se dobla y se estira. Lo que antes era un movimiento bastante sutil se convierte ahora en algo mucho más explícito.

En algunos estudios posteriores cambié la geometría del cubo para poder construir esculturas de mayor tamaño. Quería crear una forma más orgánica en un objeto de doce metros de altura, de modo que me alejé de la idea del cubo, utilizando en su lugar pirámides dobles u octaedros. Hay una serie de siete octaedros de hormigón, un tras otro, sustentado cada uno de ellos por dos alfileres y un único cable. Las siete piezas están equilibradas mediante dos brazos muy largos. A esta escala, la escultura es algo más que una forma abstracta; es un principio constructivo. Esta escultura se convirtió en la base para el puente de Sevilla.

Comenzando con un estudio muy sencillo y abstracto del cuerpo humano y de las relaciones anatómicas del peso, se puede avanzar hacia un problema de mayor envergadura en acero. Cuando comienzas a construir una escultura de 12 m de altura, el problema de construcción empieza en ese mismo momento: cómo sostenerla, qué material elegir; cuestiones que pasan a ser cruciales. Tienes que manejártelas con el hormigón, con los cables, con la cuestión de los soportes y las tensiones, con el transporte y con muchas otras cosas.

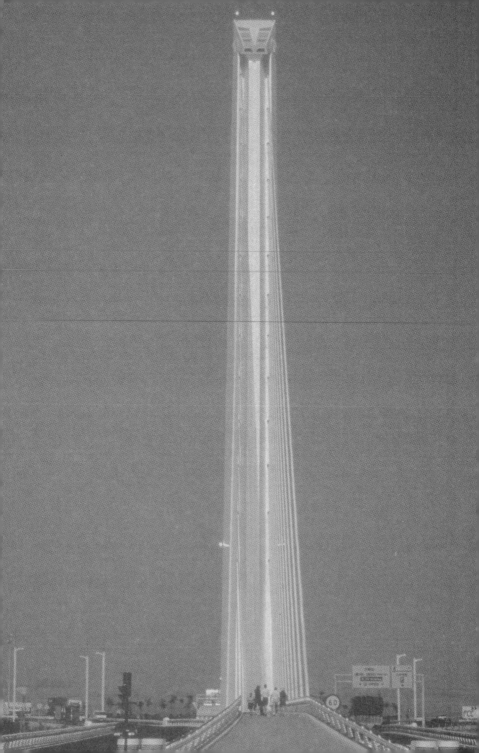

En ciertas vistas del puente de Sevilla se reconoce el origen abstracto de la idea del puente. Cuando se mira el puente de frente o desde atrás, no se piensa en un puente, sino en la expresión de algo anatómico. Un ejercicio plástico o escultórico es algo muy hermoso en sí mismo, porque uno se siente libre. Estableces tus propios límites diciendo, por ejemplo: "Me gustaría ser muy ortodoxo. Voy a trabajar sólo con cubos". Sean cuales sean los términos en concreto, has limitado tu vocabulario pero, sin embargo, todavía eres libre porque el único objetivo que persigues es un resultado puramente plástico. Cuando se está trabajando en un puente o en un edificio, incluso si se trata de una cuestión plástica, estás limitado por las necesidades funcionales. Por otro lado, tienes la enorme ventaja de la escala. Ninguna escultura alcanzará nunca la escala de un puente o un edificio, lo que otorga un significado a la arquitectura, especialmente a la arquitectura que se integra con la ingeniería.

Me gustaría hablar ahora de algunos estudios relacionados con el movimiento, en concreto de estructuras móviles simples. Construimos un pabellón de Kuwait en la Exposición Universal de Sevilla (España, 1992) utilizando medios arcos de madera que podían abrirse. Esta estructura cubría una terraza con un pavimento de mármol traslúcido. Bajo esta terraza se encuentra el interior del pabellón y durante el día la luz del sol se filtra a través del mármol para iluminar el espacio interior. Los elementos de la cubierta se apoyan en unas piezas de hormigón y pueden moverse mediante un motor individual de manera que, muy lentamente, la cubierta se abre y se transforma. Dado que los elementos son independientes, pueden controlarse las diferentes fases de la apertura de la cubierta. En el movimiento de la cubierta uno puede imaginarse unas manos con sus dedos doblados protegiendo el espacio, y al abrirse, las palmas hacia arriba, ahuecadas hacia el cielo.

Una escultura que realizamos para el patio del Museum of Modern Art de Nueva York (Máquina de sombras, Nueva York, EE UU, 1992-1993) se situó junto a un sauce llorón. Las ramas del sauce están suavemente curvadas, al igual que las de la escultura, que descienden suavemente –cada una de ellas articulada mediante una rueda– hasta casi tocar la escultura de Arístide Maillol *The River* que se encuentra debajo, en el estanque.

A partir de una serie de estudios escultóricos basados en la idea de movimiento –en concreto la idea de las superficies topológicas generadas por líneas rectas que giran alrededor de centros múltiples– se generó un conjunto de bocetos para la posible estructura de una cubierta. En estas esculturas, las líneas rectas generan superficies plegadas y curvas. En estudios arquitectónicos posteriores, estas líneas rectas pasan a ser elementos de la construcción. Tienes una forma en el suelo, después una cumbrera central inclinada y los mismos elementos constructivos conectan el perfil de la forma –que en un caso es un círculo y en el otro, media elipse– con la línea inclinada. Este mismo estudio también fue el origen de una serie de ideas sobre cómo conseguir que este tipo de forma se mueva y se abra. Las dos mitades conectadas por una línea central son como dos manos unidas por los pulgares. Se abren y se cierran alrededor del eje de esta articulación.

La ampliación del Milwaukee Art Museum (Milwaukee, EE UU, 1994-2002) utiliza una variante de este tipo de estructura de cubierta. En mi proyecto volví a conectar con la ciudad el edificio original, obra de Eero Saarinen, y la ampliación de David Kahler, construida hará unos veinte años, mediante un puente. El museo actual es como un puente y, en mi opinión, lo que he hecho es muy respetuoso con la idea de este museo y su relación con la ciudad. En el actual museo hay un puente y un volumen escultórico frente al lago; en mi proyecto hay también un puente y otro volumen frente al lago. Mientras que el actual museo es compacto y cerrado, este nuevo volumen es transparente. Un porche de baja altura une esta nueva ampliación con la antigua, permitiendo contemplar desde lo alto del puente una vista del horizonte del lago.

Para concluir con el tema de la arquitectura, hablaré de la catedral de Saint John the Divine (Nueva York, EE UU, 1991), que nunca llegó a acabarse. Comenzaron a construirla Heins & Lafarge y fue continuada por Ralph Adams Gram, con alguna intervención en las bóvedas de la mano de Rafael Guastavino. Actualmente sólo se han completado la nave y los ábsides. En un concurso para la catedral intenté poner en práctica parte del vocabulario del que les he estado hablando, pero de un modo más simbólico, porque el lenguaje simbólico es algo muy presente en una catedral. Pensé en establecer una comparación entre la catedral y un árbol, con las raíces en la parte inferior, el tronco, y después, en la parte superior, las hojas. Uno de los encargos del concurso consistía en crear lo que habían denominado un "eco-refugio". Se pretendía ubicar este eco-refugio en el interior de la catedral, pero creí que era mejor colocarlo en el exterior. El espacio abovedado que se halla entre el espacio interior de la catedral y la cubierta es, generalmente, oscuro y cerrado. Yo quería abrirlo.

La idea que propuse fue reemplazar la cubierta, que actualmente es provisional, por una cubierta de vidrio, y plantar árboles en este espacio superior de manera que se crease un jardín sobre la catedral. El jardín sería una reproducción de la propia catedral. Es un hecho interesante que en la obra de Beethoven –por ejemplo, en la *Fantasía para coro, orquesta y piano*– la letra dice *Im Tempel der Natur*: la naturaleza como un templo. Así que pensamos construir este templo de la naturaleza, una idea muy romántica.

La catedral tiene una planta en cruz latina. Uno puede considerar el cuerpo humano como un templo, y en la forma de la cruz latina podemos encontrar, implícita, la idea de un cuerpo humano. Así que el jardín y el cuerpo se superponen y se relacionan con la geometría de la cruz. Esta especie de misticismo que proviene de un tiempo lejano formaba parte de la concepción del edificio.

Quería hacer una cubierta de vidrio para el jardín que fuera practicable, de modo que permitiese que el agua de la lluvia pudiera entrar en el jardín. Las secciones triangulares de la cubierta de vidrio funcionan de un modo parecido a los grandes ventanales en la galería comercial de Toronto. Giran alrededor de un eje. La cubierta se proyectó con una aguja muy alta, que se utilizaría con fines térmicos, para crear un microclima en su interior.

Un acercamiento respetuoso al mundo natural; un acercamiento al paisaje mucho más respetuoso: ésta es la preocupación de arquitectos e ingenieros. Y me gustaría insitir en este tema, aunque sin extenderme demasiado, pues la integración de los edificios en el paisaje es algo muy importante. Creo que en la idea básica que presentamos para el concurso de Saint John the Divine había un equilibrio interesante.

CONCLUSIÓN

Todos los proyectos en los que he estado trabajando han sido posibles no sólo gracias a la gente que los ha construido –y a quienes estoy muy agradecido– sino también gracias a muchas personas que han ayudado con sus manos y sus ojos haciendo maquetas, dibujando, en mi despacho. Todos ellos han participado de este esfuerzo y han contribuido en gran medida a los proyectos. Mi mujer también me ayudado mucho en la preparación de estas charlas. Muchas gracias a todos.

Aquí concluye mi conferencia. Me gustaría darles las gracias a todos por su atención.

SANTIAGO CALATRAVA VALLS es una de las figuras más importantes de las que actualmente trabajan en la confluencia entre arquitectura e ingeniería. Nacido en España, divide su práctica profesional entre Zúrich y París. Sus puentes, estaciones de tren, terminales de aeropuertos, auditorios y museos de arte, innovadores e indudablemente expresivos –y los magníficos bocetos que realiza durante los proyectos– se han recogido en numerosos libros, entre los que se incluyen *Calatrava, Public Buildings* y el volumen doble *Santiago Calatrava's Creative Process*, ambos publicados por Birkhäuser.

CECILIA LEWIS KAUSEL es profesora y directora del Departamento de Diseño Interior de la Escuela de Diseño Chamberlayne en la Mount Ida College, Newton (Mass.), EE UU. Licenciada en biología y antropología anatómica en la UMASS, ha cursado estudios de posgrado en el Departamento de Arquitectura del Massachusetts Institute of Technology (MIT). Ha sido profesora invitada de la Bauhaus y es investigadora en el Departamento de Ingeniería Civil y Medioambiental del MIT. Ha publicado numerosos artículos en revistas y un informe sobre la conservación de la Alhambra de Granada para Cedex, Madrid.

ANN PENDLETON-JULLIAN es arquitecta y profesora asociada en el MIT. Tras estudiar astrofísica durante tres años, se licenció en arquitectura por la Cornell University y ha cursado estudios de posgrado de arquitectura en Pricenton University. Es la autora de los libros *The Road that is not a Road* y *The Open City, Ritoque, Chile*, así como de otros trabajos teóricos. Su obra como arquitecta ha sido publicada y expuesta internacionalmente.